This Book Belongs To:

_____

_____

_____

Starting Balance: _____

Date	Code/Number	Description	Payment Debit (-)		Payment Credit (+)		Balance

Starting Balance: _____

Date	Code/ Number	Description	Payment Debit (-)		Payment Credit (+)		Balance

Starting Balance: _____

Date	Code/ Number	Description	Payment Debit (-)		Payment Credit (+)		Balance

Starting Balance: _____

Date	Code/ Number	Description	Payment Debit (-)		Payment Credit (+)		Balance

Starting Balance: _____

Date	Code/ Number	Description	Payment Debit (-)		Payment Credit (+)		Balance

Starting Balance: _____

Date	Code/ Number	Description	Payment Debit (-)		Payment Credit (+)		Balance

Starting Balance: _____

Date	Code/ Number	Description	Payment Debit (-)		Payment Credit (+)		Balance

Starting Balance: _____

Date	Code/ Number	Description	Payment Debit (-)		Payment Credit (+)		Balance

Starting Balance: _____

Date	Code/ Number	Description	Payment Debit (-)		Payment Credit (+)		Balance

Starting Balance: _____

Date	Code/ Number	Description	Payment Debit (-)		Payment Credit (+)		Balance

Starting Balance: _____

Date	Code/Number	Description	Payment Debit (-)		Payment Credit (+)		Balance

Starting Balance: _____

Date	Code/Number	Description	Payment Debit (-)		Payment Credit (+)		Balance

Starting Balance: _____

Date	Code/Number	Description	Payment Debit (-)		Payment Credit (+)		Balance

Starting Balance: _____

Date	Code/ Number	Description	Payment Debit (-)		Payment Credit (+)		Balance

Starting Balance: _____

Date	Code/ Number	Description	Payment Debit (-)		Payment Credit (+)		Balance

Starting Balance: _____

Date	Code/ Number	Description	Payment Debit (-)		Payment Credit (+)		Balance

Starting Balance: _____

Date	Code/Number	Description	Payment Debit (-)		Payment Credit (+)		Balance

Starting Balance: _____

Date	Code/ Number	Description	Payment Debit (-)		Payment Credit (+)		Balance

Starting Balance: _____

Date	Code/ Number	Description	Payment Debit (-)		Payment Credit (+)		Balance

Starting Balance: _____

Date	Code/ Number	Description	Payment Debit (-)		Payment Credit (+)		Balance

Starting Balance: _____

Date	Code/ Number	Description	Payment Debit (-)		Payment Credit (+)		Balance

Starting Balance: _____

Date	Code/ Number	Description	Payment Debit (-)		Payment Credit (+)		Balance

Starting Balance: _____

Date	Code/ Number	Description	Payment Debit (-)		Payment Credit (+)		Balance

Starting Balance: _____

Date	Code/ Number	Description	Payment Debit (-)		Payment Credit (+)		Balance

Starting Balance: _____

Date	Code/ Number	Description	Payment Debit (-)		Payment Credit (+)		Balance

Starting Balance: _____

Date	Code/Number	Description	Payment Debit (-)		Payment Credit (+)		Balance

Starting Balance: _____

Date	Code/ Number	Description	Payment Debit (-)		Payment Credit (+)		Balance

Starting Balance: _____

Date	Code/Number	Description	Payment Debit (-)		Payment Credit (+)		Balance

Starting Balance: _____

Date	Code/ Number	Description	Payment Debit (-)		Payment Credit (+)		Balance

Starting Balance: _____

Date	Code/ Number	Description	Payment Debit (-)		Payment Credit (+)		Balance

Starting Balance: _____

Date	Code/Number	Description	Payment Debit (-)		Payment Credit (+)		Balance

Starting Balance: _____

Date	Code/ Number	Description	Payment Debit (-)		Payment Credit (+)		Balance

Starting Balance: _____

Date	Code/ Number	Description	Payment Debit (-)		Payment Credit (+)		Balance

Starting Balance: _____

Date	Code/ Number	Description	Payment Debit (-)		Payment Credit (+)		Balance

Starting Balance: _____

Date	Code/ Number	Description	Payment Debit (-)		Payment Credit (+)		Balance

Starting Balance: _____

Date	Code/Number	Description	Payment Debit (-)		Payment Credit (+)		Balance

Starting Balance: _____

Date	Code/Number	Description	Payment Debit (-)		Payment Credit (+)		Balance

Starting Balance: _____

Date	Code/ Number	Description	Payment Debit (-)		Payment Credit (+)		Balance

Starting Balance: _____

Date	Code/ Number	Description	Payment Debit (-)		Payment Credit (+)		Balance

Starting Balance: _____

Date	Code/ Number	Description	Payment Debit (-)		Payment Credit (+)		Balance

Starting Balance: _____

Date	Code/ Number	Description	Payment Debit (-)		Payment Credit (+)		Balance

Starting Balance: _____

Date	Code/ Number	Description	Payment Debit (-)		Payment Credit (+)		Balance

Starting Balance: _____

Date	Code/Number	Description	Payment Debit (-)		Payment Credit (+)		Balance

Starting Balance: _____

Date	Code/ Number	Description	Payment Debit (-)		Payment Credit (+)		Balance

Starting Balance: _____

Date	Code/Number	Description	Payment Debit (-)		Payment Credit (+)		Balance

Starting Balance: _____

Date	Code/ Number	Description	Payment Debit (-)		Payment Credit (+)		Balance

Starting Balance: _____

Date	Code/ Number	Description	Payment Debit (-)		Payment Credit (+)		Balance

Starting Balance: _____

Date	Code/ Number	Description	Payment Debit (-)		Payment Credit (+)		Balance

Starting Balance: _____

Date	Code/ Number	Description	Payment Debit (-)		Payment Credit (+)		Balance

Starting Balance: _____

Date	Code/Number	Description	Payment Debit (-)		Payment Credit (+)		Balance

Starting Balance: _____

Date	Code/ Number	Description	Payment Debit (-)		Payment Credit (+)		Balance

Starting Balance: _____

Date	Code/ Number	Description	Payment Debit (-)		Payment Credit (+)		Balance

Starting Balance: _____

Date	Code/Number	Description	Payment Debit (-)		Payment Credit (+)		Balance

Starting Balance: _____

Date	Code/ Number	Description	Payment Debit (-)		Payment Credit (+)		Balance

Starting Balance: _____

Date	Code/Number	Description	Payment Debit (-)		Payment Credit (+)		Balance

Starting Balance: _____

Date	Code/Number	Description	Payment Debit (-)		Payment Credit (+)		Balance

Starting Balance: _____

Date	Code/ Number	Description	Payment Debit (-)		Payment Credit (+)		Balance

Starting Balance: _____

Date	Code/Number	Description	Payment Debit (-)		Payment Credit (+)		Balance

Starting Balance: _____

Date	Code/Number	Description	Payment Debit (-)		Payment Credit (+)		Balance

Starting Balance: _____

Date	Code/ Number	Description	Payment Debit (-)		Payment Credit (+)		Balance

Starting Balance: _____

Date	Code/ Number	Description	Payment Debit (-)		Payment Credit (+)		Balance

Starting Balance: _____

Date	Code/ Number	Description	Payment Debit (-)		Payment Credit (+)		Balance

Starting Balance: _____

Date	Code/ Number	Description	Payment Debit (-)		Payment Credit (+)		Balance

Starting Balance: _____

Date	Code/ Number	Description	Payment Debit (-)		Payment Credit (+)		Balance

Starting Balance: _____

Date	Code/ Number	Description	Payment Debit (-)		Payment Credit (+)		Balance

Starting Balance: _____

Date	Code/ Number	Description	Payment Debit (-)		Payment Credit (+)		Balance

Starting Balance: _____

Date	Code/ Number	Description	Payment Debit (-)		Payment Credit (+)		Balance

Starting Balance: _____

Date	Code/Number	Description	Payment Debit (-)		Payment Credit (+)		Balance

Starting Balance: _____

Date	Code/ Number	Description	Payment Debit (-)		Payment Credit (+)		Balance

Starting Balance: _____

Date	Code/ Number	Description	Payment Debit (-)		Payment Credit (+)		Balance

Starting Balance: _____

Date	Code/ Number	Description	Payment Debit (-)		Payment Credit (+)		Balance

Starting Balance: _____

Date	Code/ Number	Description	Payment Debit (-)		Payment Credit (+)		Balance

Starting Balance: _____

Date	Code/ Number	Description	Payment Debit (-)		Payment Credit (+)		Balance

Starting Balance: _____

Date	Code/ Number	Description	Payment Debit (-)		Payment Credit (+)		Balance

Starting Balance: _____

Date	Code/ Number	Description	Payment Debit (-)		Payment Credit (+)		Balance

Starting Balance: _____

Date	Code/ Number	Description	Payment Debit (-)		Payment Credit (+)		Balance

Starting Balance: _____

Date	Code/ Number	Description	Payment Debit (-)		Payment Credit (+)		Balance

Starting Balance: _____

Date	Code/ Number	Description	Payment Debit (-)		Payment Credit (+)		Balance

Starting Balance: _____

Date	Code/Number	Description	Payment Debit (-)		Payment Credit (+)		Balance

Starting Balance: _____

Date	Code/ Number	Description	Payment Debit (-)		Payment Credit (+)		Balance

Starting Balance: _____

Date	Code/ Number	Description	Payment Debit (-)		Payment Credit (+)		Balance

Starting Balance: _____

Date	Code/ Number	Description	Payment Debit (-)		Payment Credit (+)		Balance

Starting Balance: _____

Date	Code/ Number	Description	Payment Debit (-)		Payment Credit (+)		Balance

Starting Balance: _____

Date	Code/ Number	Description	Payment Debit (-)		Payment Credit (+)		Balance

Starting Balance: _____

Date	Code/ Number	Description	Payment Debit (-)		Payment Credit (+)		Balance

Starting Balance: _____

Date	Code/ Number	Description	Payment Debit (-)		Payment Credit (+)		Balance

Starting Balance: _____

Date	Code/ Number	Description	Payment Debit (-)		Payment Credit (+)		Balance

Starting Balance: _____

Date	Code/Number	Description	Payment Debit (-)		Payment Credit (+)		Balance

Starting Balance: _____

Date	Code/ Number	Description	Payment Debit (-)		Payment Credit (+)		Balance

Starting Balance: _____

Date	Code/ Number	Description	Payment Debit (-)		Payment Credit (+)		Balance

Starting Balance: _____

Date	Code/Number	Description	Payment Debit (-)		Payment Credit (+)		Balance

Starting Balance: _____

Date	Code/ Number	Description	Payment Debit (-)		Payment Credit (+)		Balance

Starting Balance: _____

Date	Code/ Number	Description	Payment Debit (-)		Payment Credit (+)		Balance

Starting Balance: _____

Date	Code/ Number	Description	Payment Debit (-)		Payment Credit (+)		Balance

Starting Balance: _____

Date	Code/Number	Description	Payment Debit (-)		Payment Credit (+)		Balance

Starting Balance: _____

Date	Code/ Number	Description	Payment Debit (-)		Payment Credit (+)		Balance

Starting Balance: _____

Date	Code/ Number	Description	Payment Debit (-)		Payment Credit (+)		Balance

Starting Balance: _____

Date	Code/ Number	Description	Payment Debit (-)		Payment Credit (+)		Balance

Starting Balance: _____

Date	Code/ Number	Description	Payment Debit (-)		Payment Credit (+)		Balance

Starting Balance: _____

Date	Code/ Number	Description	Payment Debit (-)		Payment Credit (+)		Balance

Starting Balance: _____

Date	Code/Number	Description	Payment Debit (-)		Payment Credit (+)		Balance

Starting Balance: _____

Date	Code/ Number	Description	Payment Debit (-)		Payment Credit (+)		Balance

Starting Balance: _____

Date	Code/ Number	Description	Payment Debit (-)		Payment Credit (+)		Balance

Starting Balance: _____

Date	Code/ Number	Description	Payment Debit (-)		Payment Credit (+)		Balance

Starting Balance: _____

Date	Code/Number	Description	Payment Debit (-)		Payment Credit (+)		Balance

Starting Balance: _____

Date	Code/ Number	Description	Payment Debit (-)		Payment Credit (+)		Balance

Starting Balance: _____

Date	Code/Number	Description	Payment Debit (-)		Payment Credit (+)		Balance

Starting Balance: _____

Date	Code/ Number	Description	Payment Debit (-)		Payment Credit (+)		Balance

Starting Balance: _____

Date	Code/ Number	Description	Payment Debit (-)		Payment Credit (+)		Balance

Starting Balance: _____

Date	Code/ Number	Description	Payment Debit (-)		Payment Credit (+)		Balance

Starting Balance: _____

Date	Code/ Number	Description	Payment Debit (-)		Payment Credit (+)		Balance

Starting Balance: _____

Date	Code/Number	Description	Payment Debit (-)		Payment Credit (+)		Balance

Starting Balance: _____

Date	Code/Number	Description	Payment Debit (-)		Payment Credit (+)		Balance

Starting Balance: _____

Date	Code/ Number	Description	Payment Debit (-)		Payment Credit (+)		Balance

Starting Balance: _____

Date	Code/Number	Description	Payment Debit (-)		Payment Credit (+)		Balance

Starting Balance: _____

Date	Code/ Number	Description	Payment Debit (-)		Payment Credit (+)		Balance

Starting Balance: _____

Date	Code/ Number	Description	Payment Debit (-)		Payment Credit (+)		Balance

Starting Balance: _____

Date	Code/ Number	Description	Payment Debit (-)		Payment Credit (+)		Balance

Starting Balance: _____

Date	Code/ Number	Description	Payment Debit (-)		Payment Credit (+)		Balance

Made in the USA
Monee, IL
28 February 2021